AF230576

# TONKIN

## NOTICE EXPLICATIVE

de l'Exposition

# D'ETHNOGRAPHIE RELIGIEUSE

suivie d'un

# APERÇU

SUR LES

# CROYANCES ANNAMITES

PAR

## P. GIRAN

Administrateur des Services Civils de l'Indo-Chine

MARSEILLE

IMPRIMERIE J. VIN

31, Rue de l'Étrieu, 31

# TONKIN

## NOTICE EXPLICATIVE

de l'Exposition

## D'ETHNOGRAPHIE RELIGIEUSE

suivie d'un

## APERÇU

SUR LES

## CROYANCES ANNAMITES

PAR

## P. GIRAN

Administrateur des Services Civils de l'Indo-Chine

MARSEILLE

IMPRIMERIE J. VIN

34, Rue de l'Étrieu, 34

# NOTICE EXPLICATIVE

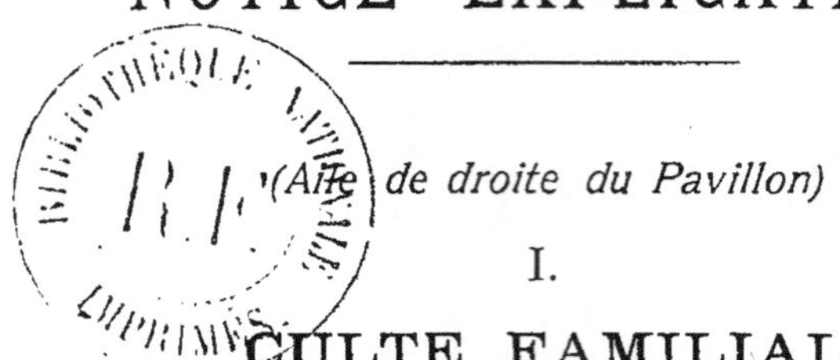

*(Aile de droite du Pavillon)*

## I.

## CULTE FAMILIAL

Salle réservée dans chaque Maison au Culte des Ancêtres

1. **Niche** contenant les tablettes des ancêtres.

2. **Fruits symboliques** figurant les produits de la terre offerts en sacrifices aux ancêtres.

3. **Siège sacré** où est déposée pendant les cérémonies funéraires, la pièce de soie blanche dans laquelle s'incarne l'âme du mort, en attendant de passer dans la tablette en bois. V. page 36.

4. **Tablette des ancêtres** où est censé descendre l'âme pendant les cérémonies. Elle se compose de deux planchettes superposées ; la première peinte en blanc, couleur de deuil, énonce les noms, prénoms, titres du défunt, ainsi que le nom du fils à qui incombe le soin du culte ; la deuxième planchette donne le nom familier du mort, la date de sa naissance et celle de son décès. V. pages 36 et 43.

5. **Table à offrandes.**

6. **Parasols.** Leur nombre, leur forme et leur couleur indique le grade du défunt ou de la divinité honorée.

7. **Brûle parfums.**

8. **Chandeliers.**

9. **Pieds de lampe.**

10. **Vase à baguettes d'encens et palette à encens.**

11. **Vase à encens.**

12. **Coupes à offrandes avec couvercle.**

13. **Coffret** contenant le brevet de mandarinat de l'ancêtre défunt.

14. **Les huit objets précieux** : flûte, fleurs, livre, calebasse, etc. Objets de procession symbolisant la musique, la nature, la littérature, l'abondance, etc.

15. **Objets votifs.** Effigies de personnes, d'animaux, maisons, meubles, etc., destinés à être brûlés sur les tombes ou à l'adresse des génies infernaux. V. page 15.

16. **Brancard funéraire** destiné au transport de la tablette des ancêtres au moment de l'enterrement. V. page 43.

17. **Fourneau de cuisine.** Fétiche. Voir la légende y relative, page 27.

18 **Pot à chaux.** Fétiche. V. page 26.

---

*(Aile de gauche du Pavillon)*

## II.

# CULTES PUBLICS

Temple d'un Génie

---

19. **Van-Xuong.** Dieu de la littérature. Voir sa légende, page 30.

20. **Coffret** contenant le brevet du génie. Les génies ont différents grades qui leur sont conférés, suivant leurs mérites, par l'Empereur, Fils du ciel.

21. **Ngoc-Hoang.** L'Empereur de jade ; le ciel personnifié ; divinité suprême des Annamites. V. pag. 29, 31.

22. **Nam-tao**
23. **Bac-dau**
Les deux lieutenants de Ngoc-Hoang ; le premier tient le registre des naissances et le deuxième celui des décès.
V. page 29.

24. **Bac-Chân** — Nord
25. **Nam-Chân** — Sud
26. **Tây-Chân** — Ouest
27. **Dong-Chân** — Est
Divinités des quatre points cardinaux
V. page 29.

28. **Ong-Thien.** Dieu du bien. V. page 30.

29. **Ong-Aç.** Dieu du mal. V. page 30.

30. **La grue sur la tortue :** Animaux sacrés qui doivent probablement ce caractère à leur réputation de longévité ; l'un vit dix mille ans et l'autre mille. Leur présence dans les temples a, selon les Annamites, une signification symbolique d'après laquelle le culte de la divinité doit se perpétuer à travers les siècles.

### Objets de Procession :

31. **Drapeaux des cinq éléments** portés en tête des processions ; ils figurent la terre, l'eau, le feu, le métal et le bois et se rapportent, suivant un mode de classification familier aux primitifs, à des séries d'objets tels que les planètes, les points cardinaux, etc.

32. **Tablette** portant deux caractères, qui signifient : *Prenez une attitude respectueuse.*

33. **Emblème du pouvoir militaire.**

34. **Hache symbolique** qui, d'après un commentateur du Rituel, impliquerait l'idée d'une séparation entre le monde des morts ou des dieux et celui des vivants (?)

35. **Massue** emblème d'autorité.

36. **Tablette** avec les deux caractères : *Faites place.*

37. **Emblème du pouvoir civil.**

38. **Hache symbolique,** V. n° 34.

39. **Cérémonie dite Xa Tac** en l'honneur du Dieu du sol et des moissons. V. page 22.

40. **Procession** en l'honneur du printemps. L'esprit des
41. champs ou le génie de la germination, **Cau Mang** est représenté par une statue en terre figurant un bouvier conduisant un buffle. Cette effigie est promenée en grande pompe, exposée ensuite devant l'autel du printemps où sont disposées en offrandes les prémices de la saison, et enfin enterrée. Cette cérémonie a, en somme, pour but d'infuser aux champs une nouvelle vie représentée par le génie lui-même. V. page 29.

42. **Génie du sol :** gardien du temple.

# APERÇU

SUR LES

## CROYANCES RELIGIEUSES

### DES ANNAMITES

————— ⤜✕⤛ —————

Les cultes annamites, si l'on en excepte le culte bouddhique qui est d'importation étrangère, peuvent assez bien se diviser en deux catégories, non absolument distinctes, mais suffisamment différenciées par quelques caractères propres à chacune d'elles ; ce sont, d'une part, les cultes publics, officiels ; d'autre part, les cultes privés, domestiques. Les premiers sont célébrés par les notables et les lettrés des villages, les fonctionnaires publics et l'Empereur, dans les édifices communaux, provinciaux ou nationaux généralement appelés *dên*. Les seconds ont pour prêtres les chefs de famille qui officient dans la maison paternelle où une salle, la *nha tho'*, est réservée à cet effet.

*Dên* et *nha tho'* tels sont les lieux sacrés où se déroulent ordinairement les cérémonies religieuses annamites. Nous présentons de chacun d'eux un spécimen que malheureusement des nécessités d'ordres divers nous ont obligé de réduire dans une certaine mesure. Afin de suppléer autant que possible à cette insuffisance matérielle, nous avons pensé, pour illustrer nos reconstitutions, devoir réunir dans une courte notice quelques renseignements relatifs aux croyances religieuses de nos protégés d'Extrême-Orient.

I

C'est un des principes les plus généraux et les mieux établis de la toute jeune science des religions, que les manifestations religieuses : idées, actes ou sentiments, sont le résultat d'un état mental collectif déterminé ; telle ou telle conception mythique, telle ou telle doctrine métaphysique ne sont possibles que dans une société, dans un milieu intellectuel donnés. L'introduction logique et nécessaire à l'étude des croyances d'un peuple, est donc la description du caractère national. Nous n'entreprendrons pas, dans ce bref travail, d'esquisser, même à grands traits, un portrait psychologique de l'Annamite. Nous nous contenterons d'exposer seulement les quelques idées fondamentales sur lesquelles repose, en Annam, tout l'édifice religieux.

Et d'abord, en règle générale, pour l'Annamite la vie est universelle, identique partout ; les animaux, les plantes, les objets sont vivants comme lui, sentent, pensent de la même façon, agissent sous les mêmes impulsions que lui. Le ciel, les astres, le sol, la pluie, le vent, le tonnerre, les montagnes, les arbres .... sont tous à quelque degré assimilés à des êtres vivants. Le ciel, le soleil, la lune, les étoiles sont appelés *ông*, " Monsieur ", " Seigneur ". On dit dans les invocations : *Ong troi xanh*, "Monsieur le Ciel bleu". Le soleil est mâle ; la lune est son épouse. Les étoiles sont chargées du contrôle des actes humains et dispensent le bonheur ou le malheur sur la terre. En Cochinchine, quand les enfants veulent faire tomber les fruits d'un arbre, ils prononcent, en jetant des bâtons dans les branches, les paroles suivantes pour faire venir le vent qui les aiderait : « Je vous appelle M. Lê, M^me Lê ; Madame, votre mari est revenu, soufflez vite ». Les arbres qui ne portent pas suffisamment de fruits, sont à une certaine époque de l'année, menacés d'être abattus s'ils persistent à rester improductifs.

Les animaux ont été anthropomorphisés d'une manière plus complète encore. L'éléphant, le tigre, la baleine, le dauphin, en général toutes les bêtes particulièrement remarquables, utiles ou nuisibles, ont reçu des dénominations plus ou moins respectueuses et sont considérées souvent comme de véritables personnes humaines. Le R. P. Cadière rapporte la curieuse aventure d'un paysan qui, allant à la recherche de fruits de jacquier sauvage, fut terrassé par un tigre. Lorsque le malheureux eut repris ses sens, il s'adressa au fauve, accroupi près de lui : « Seigneur, rien ne vous manque, moi, je suis pauvre et viens chercher des *mit* pour ne pas mourir de faim ; ne m'en veuillez pas, je vous prie ». Puis, se redressant, il fit trois grands saluts au tigre qui s'en fût sans lui faire plus de mal.

Ainsi entre l'homme et ce qui l'environne, nulle distinction essentielle, nulle séparation effective ; la ressemblance est presque totale, la parenté étroite. C'est que les deux notions : de conscience individuelle et d'un milieu physique ou social se sont élaborées à peu près en même temps, en s'empruntant mutuellement leurs éléments, en réagissant l'une sur l'autre, tour à tour. Car s'il est vrai de dire que l'homme, au début, voyait le monde à travers sa propre image, il faut reconnaître aussi que la conscience individuelle — résultat des actions du monde extérieur sur l'individu et des réactions qu'il provoque chez celui-ci — devait fatalement emprunter les éléments de sa définition à ce milieu dont elle émane. Ce n'est, en effet, qu'en relation avec ses semblables et avec le monde extérieur que l'homme a pu, peu à peu, s'élever à la conscience de soi. A l'origine, il lui a été impossible de s'abstraire, de se penser isolément, et dans l'idée qu'il s'est fait d'abord de lui-même, c'est une vague notion de solidarité, de dépendance qui devait dominer. Nous avons là l'explication d'un des traits caractéristiques les plus connus de la mentalité des pleuples jaunes ; l'esprit de troupeau, l'esprit grégaire. Ce signe particulier n'est selon nous, que la lointaine survivance d'un sentiment commun à toute l'humanité, éclos sous l'influence du clan, et qui a pu persister jusqu'à présent chez des peuples ultra-conservateurs, à évolution très lente, comme les Chinois et les Annamites. L'individualisme n'est, en effet, qu'un produit relativement récent de la civilisation ; dans les sociétés primitives les individus sont indistincts du groupe auquel ils appartiennent ; c'est le communisme dans toute l'acception du mot. L'Annamite, se rapprochant sur ce point du primitif, n'a pas encore pu dégager complètement sa personnalité de l'agrégat social ; il n'a pas su se détacher du rameau originel, pousser sa tige propre, prendre pleinement conscience de soi. En droit aussi bien qu'en morale, la personnalité du groupe : commune ou famille, absorbe celle des individus. Une faute est-elle commise, le coupable n'est pas seul puni, mais aussi les parents, les amis, les voisins et quelquefois le village tout entier ; de même le fisc ne connaît-il de la foule anonyme des contribuables que les représentant élus : les notables, personnellement responsables du paiement de l'impôt.

Et cette diffusion de la personnalité n'est pas seulement conçue ; elle est sentie, elle est réelle. Les exemples en sont innombrables, dont le plus frappant est une sorte de perméabilité supposée entre des êtres ou des choses qui pour nous sont absolument séparés. Ainsi, les genres et les espèces tels que nous les concevons, n'existent pas pour l'Annamite. Les habitants de la vallée de Nguon So'n croient que les petits de la tigresse peuvent être autre chose que des tigres ; ceux-ci sont conduits par leur mère devant un torrent ; celui qui peut le franchir d'un seul bond, reste tigre ; celui qui tombe à l'eau devient chat sauvage, et celui qui recule, n'osant pas sauter, devient une panthère. Certains poissons, et la tortue à l'âge de mille ans, peuvent se changer en dragon. Le rat, lui, à cent ans, se transforme en chauve-souris, tandis qu'au même âge, la chauve-souris devient hirondelle.

Les hommes eux-mêmes, se métamorphosent avec une égale facilité ; leur personnalité est essentiellement mouvante, jamais fixée d'une manière définitive. Une histoire bien connue, qui loin de n'avoir plus que la valeur d'un simple conte est au contraire tenue encore pour très vraie au Tonkin, donne une idée exacte de cette indécision de l'individualité psychologique. Le héros de cette histoire, un lettré, joueur d'échecs renommé, appelé Chu'o'ng ba, fut, à la suite de circonstances particulières, ressuscité par un génie ; mais au lieu de reprendre sa forme primitive, son âme s'incarna dans le cadavre d'un charcutier mort peu de temps auparavant, ce qui occasionna de violentes disputes entre les deux veuves qui prétendaient chacune reconnaître leur mari dans le revenant d'outre-tombe. Si celui-ci, en effet, était bien au moral, Chu'o'ng ba, au physique il ressemblait indéniablement au charcutier. Sa véritable identité ne fut reconnue que lorsqu'un juge avisé, saisi du litige, sachant que le charcutier n'avait de sa vie touché de pinceau ni d'échiquier, eut ordonné au mari disputé de faire un poème et de jouer une partie d'échecs, épreuves dont il se tira à son honneur.

Le folk-lore annamite est également très riche en contes où l'on voit des hommes transformés en animaux : porcs, chiens, grillons, moustiques, etc..... Aujourd'hui cependant, d'après la tradition populaire, les métamorphoses sont devenues plus spécialement le propre des sorciers, qu'ils exercent leurs pouvoirs soit sur eux mêmes, soit sur d'autres personnes ou bien encore sur des objets qu'ils animent, dont ils changent la forme, la nature, etc,.. Car, non seulement de semblables transmutations sont possibles à l'intérieur de ce que nous appelons couramment le monde inanimé, mais encore peuvent-elles se produire entre des êtres vivants et des corps inertes. Et la raison en est simplement que les Annamites ne font pas comme nous de distinction radicale entre les deux règnes.

Les habitants de certaines régions montagneuses de l'Annam prétendent que les poils de la moustache du tigre donnent naissance soit à une multitude de vers, soit à une souris, soit à un serpent. Lorsque le *thay phu thuy* (magicien) est requis d'expulser d'une maison hantée l'âme malfaisante de quelque mort qui y fut jadis enterré, il fabrique un mannequin de paille, l'habille de papier et lui donne un bâton ; puis, faisant de la main un geste magique, il l'anime. Le mannequin se promène alors dans la maison ; arrivé à l'endroit où git le cadavre, il frappe le sol de son bâton : c'est là qu'on doit trouver les ossements, dernier refuge de l'âme-fantôme.

Ainsi, aucune délimitation nette des êtres et des choses ; tout se confond, se pénètre ; l'état de tout ce qui existe est essentiellement précaire ; l'aspect en est fuyant, insaisissable. Cette curieuse vision du monde explique certaines croyances autrement difficilement compréhensibles. Chaque personnalité étant très mal définie, ses limites sont flottantes, extensibles ; elles ne s'arrêtent pas à l'individu lui-même, mais le débordent, empiétant tout autour. Dans ces conditions il est aussi difficile de distinguer l'individu du groupe auquel il appartient que de tout ce qui le touche ou le rappelle. Quand un homme meurt de mort violente, ses fils doivent craindre un sort identique et pour s'y soustraire évitent d'enterrer le père défunt dans le tombeau de famille. Ce qui a appartenu à une personne est censé le représenter. En Cochinchine lorsqu'un domestique s'enfuit de la maison de son maître, ou une femme de celle de son mari, on prend un habit qui leur ait appartenu, et on le frappe avec vigueur. On pense que tous les coups se répercutent sur le fugitif qui est dès lors forcé de revenir. Il n'est pas jusqu'au nom qui ne soit quelquefois pris pour celui qu'il désigne. On raconte qu'un personnage ayant été un jour désigné par la cour céleste comme le génie tutélaire d'un village, les habitants de la commune se rendirent chez lui et lui demandèrent d'emporter son nom afin de lui rendre le culte. Sur son assentiment, les caractères composant le nom ayant été inscrits sur une tablette, furent transportés en grand apparat au village où ils reçurent dès lors l'adoration des fidèles.

Cette conception si vague déjà de l'individualité peut pourtant, dans certains cas, s'élargir encore. Tout ce qui ressemble, même de très loin, à telle personne déterminée est tenu pour celle-ci. Cette croyance constitue le fondement d'une pratique magique très en usage : l'envoûtement. Au Tonkin, les charpentiers ont coutume pour se venger quelquefois du propriétaire d'une maison, de fabriquer une statuette de bois qu'ils clouent au faîte de la toiture. Si le clou pénètre dans la bouche de la figurine, le propriétaire sera muet ; il sera sourd si les oreilles sont traversées.

On comprend qu'avec de pareilles conceptions le monde doive apparaître comme un inextricable enchevêtrement d'influences réciproques, où les êtres et les choses, en état perpétuellement instable, se confondent les uns avec les autres, s'empruntant mutuellement leurs qualités. Cette idée de contagion, qui n'est rien moins que scientifique, est très répandue chez les Annamites. Une nouvelle mariée n'ose pas recevoir une chique de bétel d'une femme qui a fait une ou plusieurs fausses couches, porter un de ses vêtements, un de ses chapeaux... de crainte de n'accoucher que d'enfants morts. Les personnes qui mangent des bananes doubles donnent naissance à des jumeaux ou à des enfants qui ont six doigts aux mains ou aux pieds. Lorsque le riz est en fleur, on ne permet pas aux porteurs de paille de traverser les rizières : car le riz ne manquerait pas d'imiter la paille et de dresser en l'air ses épis vides.

Grâce au vague de la délimitation des concepts représentant les êtres ou les choses, on peut encore légitimer les substitutions de personnes et d'objets opérés dans les sacrifices notamment. Il n'y a pas d'illogisme à remplacer quelque chose ou quelqu'un par son effigie ou son signe, du moment que la ressemblance vaut — ou plutôt, c'est — l'identité. Chaque année, au début de la saison des pluies, au moment où les épidémies commencent à faire leur apparition, on a coutume d'offrir aux génies infernaux, les effigies en papier des personnes qui ont été désignées pour périr. Aux enterrements on brûle sur la tombe, des meubles, des objets, des animaux en carton qui représentent tout ce que le mort possédait et doit emporter avec lui. Quelquefois encore les effigies elles-mêmes sont remplacées par des dessins ou par une simple énumération portée sur un papier qu'on brûle.

Parfois, enfin, la ressemblance entre le remplaçant et le remplacé n'est même pas indispensable pour que la substitution puisse avoir lieu ; il suffit que le sacrificateur reconnaisse à ses offrandes telle ou telle qualité conventionnelle. Lorsqu'on veut éviter que les restes d'un parent mort ne soient dévorés par le céleste Tigre blanc, il faut immoler à l'adresse de ce dernier un coq que l'on dit expressément représenter le cadavre du défunt.

II

Le sentiment confus mais profond des perpétuels changements d'états dont l'homme est l'objet ou la cause, suppose nécessairement une représentation intellectuelle : celle d'influence, de pouvoir. Comment ces puissances qui constituent la trame des phénomènes et des évènements, peuvent-elles être conçues. D'une manière très vague sans doute, mais aussi très réelle, toute concrète, car c'est le propre de la pensée primitive de donner une existence objective à tous ses concepts abstraits. Aux idées générales correspondent, dans un monde transcendant, en dehors du temps et de l'espace, des êtres, des fluides, des forces, de nature subtile, éthérée, mais à quelque degré matérielle, existant à la fois en eux-mêmes et dans les choses. Et il ne faut pas voir là les fruits de quelque spéculation philosophique, mais bien la manifestation d'un penchant naturel de l'esprit ; on a dit, il y a longtemps, déjà qu'il nous est impossible de penser sans images ; rien n'est plus vrai, surtout pour le primitif. Si maintenant l'idée de subtilité, d'impondérabilité, paraissait avoir dû être difficilement accessible aux premiers hommes, on pourrait faire remarquer qu'elle a pu leur être suggérée par des phénomènes familiers et fréquents tels que le bruit, le vent, la lumière, l'ombre, le souffle, qui se révèlent à nous sans affecter le sens du tact, témoin de la matérialité des choses.

Tout ce qui existe dans la nature possède donc un pouvoir, contient une énergie opérative sans laquelle toute action serait impossible. C'est ce que les Annamites appellent le *tinh* (*tsing* en chinois). Le *tinh* est un fluide, une force qui réside en toutes choses et sans laquelle nulle existence ne saurait se manifester. C'est donc avec quelque apparence de raison qu'on a pu assimiler cet élément à l'esprit vital ; il faut lui reconnaître cependant une signification plus large encore ; il est une condition de la vie et non pas la vie elle-même ; il est l'action en soi. C'est le pouvoir éclairant du soleil, la vertu germinative de la graine, l'efficacité curative du remède, ou encore, comme l'écrivait un ancien philosophe chinois, « ce qui fait que les yeux voient et que les oreilles entendent ». C'est la cause universelle concrétisée ; elle est chez les Annamites, à la base de toutes les notions métaphysiques et de celle d'âme notamment.

L'idée d'âme, comme la notion précédente, est d'origine collective et procède de la nécessité impérieuse qui conduit le primitif à matérialiser sa pensée. Au sentiment de l'intimité existant entre l'individu et son milieu, correspond la représentation concrète d'un lien subtil unissant les êtres qui composent un même groupe, une même classe, une même société. C'est ce qu'à propre-

ment parler on appelle aujourd'hui une *âme collective*.
Ainsi, tous les êtres — et par là l'Annamite entend
aussi : toutes choses, puisque pour lui tout est vivant
dans la nature — tous les êtres, disons-nous, sont sup-
posés posséder une sorte d'essence identique chez tous,
un élément commun, qui est, en somme, la réalisation
du caractère qui leur est général, à savoir : la vie. Cet
élément, qui a une existence propre en dehors des êtres
chez qui il réside, c'est le *khi*. *Khi*, comme le mot
précédent : *tinh*, signifie en annamite et en chinois :
fluide, éther (c'est nous l'avons vu, la manière ordi-
naire de figurer les idées générales) ; mais il a un
autre sens plus particulier qui est celui de principe
vital. Le *khi* circule partout ; il est, après le *tinh*, la
deuxième condition nécessaire de l'existence ; les êtres
desquels il se retire sont fatalement voués à la dispa-
rition, à la mort. Il se manifeste dans la nature par
la chaleur, la lumière, le froid, le vent, la pluie ; chez
l'homme, il est la santé, la force, l'âme, la vie en un
mot ; il réside dans les battements du pouls ou du
cœur ; il est assimilé aussi au souffle, à la respiration.
Naturellement le *khi* ne peut agir indépendamment du
*tinh*, principe essentiel de toute action, et ainsi s'est
trouvée élaborée, inconsciemment en quelque sorte, une
théorie élémentaire de l'univers qui, pour n'avoir jamais
été nettement exprimée, n'en parait pas moins avoir été
confusément conçue à un moment donné, les théories
cosmo-psychologiques actuelles ne pouvant être considérées, semble-t-il, que comme ses formes subséquentes.
Cette théorie peut être résumée ainsi : Tout, dans la
nature, et l'homme en particulier, a pour cause le *khi*
possédé du *tinh* ou, selon l'expression sino-annamite :
le *tinh-khi*.

Indépendamment de cette conception et en même temps
qu'elle, une idée nouvelle se faisait jour avec laquelle elle ne
devait pas tarder à se combiner. Il s'agissait cette fois-ci d'un
élément proprement individuel : le double, le fantôme dont
l'existence fut suggérée, sans doute, comme on sait, par les
apparitions des rêves ou des hallucinations. Pendant le
sommeil, alors que la vie, le souffle, autrement dit le *khi*,

n'a pas abandonné le corps, il est un autre élément qui peut, à son gré, errer dans des contrées connues ou étrangères, dans un monde peuplé de figures familières ou nouvelles, de formes parfois bizarres d'animaux, d'objets, etc.; et l'expérience apprend, d'autre part, que cet élément, indépendant du corps dont il est seulement l'image, peut apparaître à des personnes éloignées, pendant leur sommeil ou même leur veille. Le primitif prêtant une existence réelle à toutes les créations de son esprit, on comprend aisément qu'il ait facilement accepté cette idée de fantôme qu'on retrouve chez tous les peuples, et en particulier chez les Annamites où, sous le nom de *Qui*, elle est une des plus familières qui soient à l'esprit populaire.

Nous voici donc maintenant en présence d'une deuxième doctrine d'après laquelle l'homme possède : 1° un principe vital (*Tinh-Khi*), élément collectif et 2° un fantôme (*Qui*) élément individuel. Or, projetant inconsciemment son image autour de lui, l'homme, dès qu'il se fut rendu compte de sa propre dualité, l'attribua aussitôt à toute la nature. Tous les êtres, toutes les choses eurent comme lui, un double, un fantôme. Cette opinion était d'ailleurs corroborée par ses rêves qui lui montraient les images de tout ce qui l'entourait. Dès qu'il eut ainsi généralisé sa nouvelle conception, il fut fatalement amené à la considérer comme une chose existant à la fois en soi et chez tous les êtres et en fit, par analogie avec le *khi*, un deuxième fluide dont la combinaison avec le premier donne naissance, par l'opération du *tinh*, à tout ce qui existe dans le monde. C'est le système cosmo-psychologique tel que l'enseigne la philosophie annamite contemporaine. Le voici dans toute sa saveur, sous sa forme quelque peu anthropomorphique.

A l'origine, n'existait que le néant et le silence ; de ce néant naquit le Grand Absolu (*Thai Cu'c*); celui-ci respira et sa respiration engendra le mouvement lequel produisit le grand principe mâle : *Khi Du'o'ng*. Quand le *Thai Cuc* exhala son souffle, il donna naissance au grand principe femelle *Khi Am*. Par ces mouvements respiratoires, recommençant et cessant tour à tour, furent créés successivement le ciel, la terre, le soleil, la lune, l'homme et la femme, les êtres mâles et femelles, la chaleur, le froid, la lumière, les ténèbres, etc., etc., et, de leur double et commune origine, ces créations gardèrent une nature identique en leur dualité. Le *Khi Am* et le *Khi Du'o'ng* se trouvent à la base de tout ; animant tout de par le monde, ils expliquent par leurs combinaisons tous les phénomènes possibles, tous les évènements, heureux ou néfastes. Chez l'homme ils sont les deux parties constitutives de l'âme ; l'émanation du *Khi Du'o'ng* forme le principe spirituel, qui donne la faculté de penser et d'agir ; et l'émanation du *Khi Am* forme le principe corporel, végétatif, élément de sensibilité, qui devient le fantôme.

Les philosophes se sont emparés de bonne heure de cette conception et ont échafaudé là-dessus une foule de systèmes se contredisant mutuellement pour la plupart, mais dont la caractéristique commune est de chercher à prolonger aussi loin que possible le parallélisme qui, dans la doctrine primordiale, existe entre la constitution de l'homme et celle de l'univers. Nous n'essayerons dans cette brève étude, de faire un historique même sommaire de cette tortueuse évolution de la métaphysique extrême-asiatique. Nour dirons seulement, pour la clarté de ce qui va suivre, quelle est la doctrine qui a le plus généralement prévalu. D'abord pour expliquer la possibilité pour les deux grands principes de la nature d'exister à la fois dans les êtres et en dehors d'eux, on a été amené à concevoir les deux *Khi* comme composés chacun d'une infinité d'éléments simples ; l'accouplement d'un élément *du'o'ng* avec un élément *âm* donne une vie ; et leur dissociation amène la mort. Ces éléments partiels portent les noms de *thân* et de *qui* ; sous leur forme personnelle, c'est-à-dire chez les individus, ils s'appellent respectivement *hôn* et *phach* (*via* en langue vulgaire). Ajoutons enfin qu'à chaque fonction intellectuelle ou physiologique correspond une subdivision de l'une ou l'autre des deux âmes et qu'ainsi l'homme s'est trouvé, en fin de compte, doté de trois *hôn* et de sept *via*.

### III

Nous venons de voir que les deux grands souffles de l'Univers sont respectivement composés d'une multitude de *qui* et de *thân* qui lorsqu'ils s'incarnent dans une enveloppe corporelle en constituent l'âme, et s'appellent alors *phach* et *hôn*. A quelle réalité répond ce changement de noms ? A une différence de nature des choses désignées. Les *qui* et les *thân*, en effet, lorsqu'ils sont indépendants sont des esprits. Or, les esprits et les âmes, quoique d'essence identique, ont des fonctions différentes. L'âme est individuelle, elle est particulière à tel homme, à tel animal, à tel objet déterminés ; tandis que l'esprit a un champ d'action plus étendu ; les liens qui l'assujetissent sont plus lâches. Pour en donner un exemple, la maladie chez un individu peut être expliquée par la faiblesse ou l'absence de l'âme ; mais lorsqu'il s'agit d'un groupe, c'est-à-dire dans un cas d'épidémie, la cause ne saurait être la même, puisque l'effet est produit chez plusieurs personnes à la fois. En réalité nous sommes simplement en présence d'une idée générale, qu'il a suffi de concevoir, d'exprimer, pour que, mécaniquement en quelque sorte, elle reçoive, comme nous l'avons déjà expliqué, une existence objective et spirituelle.

Ce n'est pas tout pourtant ; car dans le concept d'esprit, il n'y a pas seulement l'idée de spiritualité, mais encore celle d'un être un tant soit peu personnel. C'est ici qu'agit l'influence de cette notion d'individualité que nous avons vu se dégager peu à peu du collectivisme primitif. A mesure qu'elle acquiert plus de précision, les puissances spirituelles enfantées par une imagination nébuleuse, prennent forme, accusent des contours moins fuyants ; il n'est plus question de fluide, de souffle, de vapeur, mais d'êtres à demi personnels, encore mal dégagés de leur gangue sociale ; ce sont des foules, des multitudes ; c'est l'essaim des *Chu vi*, des fées qui peuplent les forêts mystérieuses et redoutables ; c'est l'infinité des *Ma*, les *Ma xo*, les *Ma ra*, les *Ma qui*, malicieux ou malfaisants ; c'est l'armée innombrable des *Quan ôn* qui amène avec elle la peste et le choléra. Avec ce dernier exemple nous approchons déjà d'une notion plus claire ; car les *Quan ôn* ont un chef : « *Chua ôn* », le Seigneur des épidémies. Nous saisissons ici sur le vif le procédé par lequel la pensée religieuse s'est élevée peu à peu à la conception d'êtres abstraits véritablement personnels. Des soldats qui se donnent un chef, n'est-ce pas la meilleure manière de figurer le passage du nombre à l'unité, du collectif à l'individuel.

Les deux idées d'esprit et d'âme ont donc une origine
commune et ont suivi une évolution parallèle ; aussi présentent-elles de grandes analogies et sont-elles quelquefois
difficiles à distinguer l'une de l'autre. Cette confusion est
surtout apparente dans certaines croyances selon lesquelles
des âmes humaines peuvent devenir des esprits. Ainsi les
*Con ma đậu* auxquels est attribuée la petite vérole, sont les
âmes des personnes mortes de la même maladie. De même
les individus morts accidentellement avant l'heure fixée par
le destin, vont grossir l'armée des *Quan ôn* dont nous venons
de parler. On emploie d'ailleurs indifféremment le même
mot pour désigner, dans certains cas, l'âme qui demeure
attachée au cadavre et aussi, comme nous l'avons dit plus
haut, toute une catégorie d'esprits malfaisants.

Les esprits ne sont pas toutefois recrutés seulement
parmi les âmes des morts. Il y a encore — et ce ne sont
pas les moins nombreux — tous ceux qui sont compris sous
la dénomination vague de *génie (thân)* (*). Avec eux nous
atteignons encore un degré plus élevé de la pensée religieuse. A cette phase supérieure nous pouvons rattacher à
titre d'exemple les génies du sol des villages. Ils personnifient les communautés et tout ce qui leur appartient :
champs, habitations, etc...; ils en sont les protecteurs vigilants, et à ce titre reçoivent un culte officiel. Chaque village
possède le sien ; ils sont donc considérés cette fois comme
des êtres personnels qui ne peuvent être confondus les uns
les autres. Cependant leurs fonctions sont exactement identiques ; et il est à remarquer en outre qu'ils n'ont généralement pas de nom propre ; ils reçoivent seulement l'appelation générique de *thô thân* (terre - génie).

Il y a donc place encore dans le monde spirituel, pour
des personnalités plus distinctes et auxquelles appartiendront
en propre des pouvoirs bien déterminés. Il suffira pour les
concevoir, d'une généralisation plus complète, et de réunir

---

(*) Les mots *thân* et *qui* ont un sens assez vague ; ils sont employés cependant d'une manière générale pour désigner, le premier : les esprits bons ; le
deuxième : les esprits mauvais. Ils répondent assez bien à nos deux mots :
génies et démons.

tous les attributs communs à chaque classe de génies particuliers dans la personne d'un seul qui les représentera tous. Au dessus des génies communaux, nous voyons les génies de collectivités plus étendues, telles que tribus, principautés ou royaumes ; et enfin les dominant tous, le *Prince Terre, Hâu tac* qui est aujourd'hui désigné sous le nom composé de *Xa tac : Dieu du Sol et des moissons.*

Nous venons d'arriver graduellement et sans coup de théâtre à la notion de dieu ; car c'est bien d'un dieu qu'il s'agit maintenant ; le Prince Terre ne ressemble en rien aux entités plus ou moins vagues dont il avait été question jusqu'ici ; il n'est pas comme ses prédécesseurs une unité anonyme perdue ou à peine distinguée dans la foule de ses semblables ; il est quelqu'un ; il domine ; il est roi. Son autorité est solidement établie, ses pouvoirs nettement délimités, n'appartiennent qu'à lui seul ; son domaine a des frontières précises. Ainsi dans la mesure où l'homme prend conscience de sa personnalité, les êtres abstraits qu'il conçoit lui paraissent plus distincts, mais aussi plus distants de lui ; la confusion des choses se dissipe avec la confusion des idées ; acquérant une individualité propre, les esprits s'opposent aux individus ; et ainsi le monde spirituel, s'organisant peu à peu, se sépare de plus en plus du monde temporel.

Est-ce à dire que tous les dieux sont nécessairement des êtres abstraits ? Telle n'est pas notre pensée ; les faits d'ailleurs nous donneraient un éclatant démenti. Les dieux, dans leur forme primitive, ont été les plus puissants des êtres vivants, objets de crainte ou de reconnaissance respectueuses. Les Annamites ont de tout temps adressé une sorte de culte à ceux d'entre eux – sorciers, devins, prophêtes, capitaines fameux – que distinguaient à leurs yeux une supériorité réelle ou supposée. Nous en voyons un exemple dans l'aventure récente encore de " l'Enfant miraculeux " le *Ky dong*, auquel la précocité de son esprit avait fait une réputation légendaire et qui, secondé par des partisans — des disciples pourrions-nous dire — faillit amener un soulèvement au Tonkin. En Annam d'ailleurs, comme dans d'autres sociétés théocratiques telles que l'ancienne Egypte, l'autorité

politique a toujours revêtu un caractère divin. L'Empereur, Fils du Ciel, est de la race des dragons ; sa personne
est sacrée, entourée de tabous à l'égal des plus grands
dieux. Il est supérieur aux génies nationaux qu'il peut,
à volonté, élever ou abaisser de classe ; il est la cause
directe du bonheur ou du malheur de son peuple ; c'est
à lui qu'en remonte toute la responsabilité (*). Il porte
donc bien les signes essentiels de la divinité : personnalité, puissance sui generis, caractère sacré ; et quoiqu'il
paraisse, au premier abord, ressembler peu, lui, être
réel, aux êtres abstraits tel que le Dieu des moissons,
il faut reconnaître qu'il a avec eux, beaucoup de traits
communs. Comme eux, il est, on peut dire, la person-
nification d'une idée générale ; il est le représentant
d'une collectivité ; il incarne, de façon réelle, l'autorité
impériale ; à ce titre, sa puissance dépasse celle d'un
être simplement humain ; ses actes ont une efficacité
d'un ordre tout spécial ; il est réellement un être à part.

Voilà déjà la deuxième fois qu'apparaît cette idée de
séparation, ·d'opposition entre ce qui est religieux et ce
qui ne l'est pas. Il y a entre ces deux ordres d'êtres,
ou de faits, la même distance qui sépare le monde de
la pensée du monde matériel, l'abstraction de la réalité.
Et cette distinction radicale n'est pas opérée seulement
dans l'esprit, elle existe aussi dans les choses où elle se
traduit par la division entre le profane et le sacré. Le
sacré, on l'a dit avant nous, est l'idée maîtresse, cen-
trale de la religion ; c'est la directrice suivant laquelle
se sont ordonnées les doctrines, les pratiques, les institutions
religieuses. Tout tourne autour d'elle ; elle est présente
partout, non pas toujours d'une manière apparente, mais
son influence pour être parfois occulte n'en est pas moins
prépondérante, essentielle.

Un deuxième monde, une deuxième société, se sont donc
superposés au monde réel, à la société réelle, dont ils sont en

---

(*) Nous devons à la vérité de reconnaître que les exemples indiscutables
d'hommes vivants tenus pour des dieux sont, en Annam, en nombre relativement restreint. Et ceci tient, sans doute, à ce que le souverain, jaloux de son
autorité, ne tolère pas qu'on se prévale d'une qualité ordinairement insépa-
rable du pouvoir suprême.

quelque sorte les doubles, comme l'àme est le double spirituel de l'individu. C'est dans ce milieu spécial qu'agit le *tinh*, dont nous avons déjà parlé, et dont chaque être, chaque chose contient une parcelle. Le *tinh*, c'est, dans les objets, leur vertu efficace, leur propriété qui agit dans tel ou tel sens, avec une plus ou moins grande intensité suivant leur nature. Chez l'homme, chez les animaux, c'est l'intelligence, la volonté, l'énergie active, l'âme en un mot. C'est au total la cause universelle ; rien n'existe, rien ne se produit que par l'opération du *tinh*. La connaissance des divers modes d'action du *tinh* et de leur emploi, c'est ce qui constitue la magie (*). Son domaine est donc énorme puisqu'il peut en principe, embrasser tous les phénomènes de causalité ; mais par contre ses limites sont très flottantes et varient de région à région, d'époque à époque, La magie actuelle du Tonkin ne ressemble pas absolument aux magies de l'Annam ou de la Cochinchine, et diffère peut-être aussi de celle des premiers Giao-Chi, ancêtres des Annamites. Cependant parmi cet amas confus et changeant de croyances et de pratiques corrélatives, certaines d'entre elles se sont établies plus solidement, se sont étendues à des groupes de plus en plus importants, et transmises par la tradition ont acquis une autorité indiscutable. Elles se sont ainsi peu à peu érigées en doctrines et en systèmes obligatoirement acceptés par tous les membres de la société. Ce commencement d'organisation marque l'avènement de la religion proprement dite.

IV

A la base de toute organisation religieuse se trouve, comme nous l'avons dit plus haut, la distinction du sacré et du profane. Les choses sacrées, *linh* ou *thiêng* en annamite, sont celles qui sont réputées posséder à un degré particulièrement élevé le *linh*, puissance efficace. Les animaux redoutables par leur force ou leur ruse, les hommes remarquables par leur intelligence, les objets doués de vertus spéciales sont dits *linh* et comme tels entourés d'un profond respect.

Parmi ceux-là, le tigre tient en Annam la première place.

---

(*) La magie occupe en Annam une place extrêmement importante; nous devons laisser cependant de côté cette partie de notre sujet qui pour être convenablement traitée eût demandé de trop longs développements.

En raison de la crainte qu'on en a, on l'a doté de toutes sortes de qualificatifs honorifiques : *ông thây*, le maître ; *mê*, prince, altesse, etc. ; il est interdit de prononcer son nom, comme celui de l'Empereur. « C'est une règle, rapporte le R. P. Cadière, qui est observée en tout temps : « Est-ce qu'il y a la paix chez vous ? » veut dire dans les villages de la brousse : « Est-ce que le tigre fait des ravages ? » Quand on remonte le fleuve en barque, quand on pénètre dans la forêt, il est d'usage d'employer un langage de convention dans lequel par exemple les pierres sont les patates de son altesse, etc. Quand un tigre est pris au piège, on lui offre un sacrifice avant de le tuer. Dans certaines contrées forestières avant d'abattre un arbre, on en demande humblement au tigre la permission. Dans presque tous les villages de la région montagneuse on élève des pagodes à *Duc thây* le noble maître, on brûle en son honneur des baguettes d'encens, et on lui adresse des invocations : « Vous êtes né dans la profondeur des forêts ; vous êtes le roi des animaux. Quand la nuit est obscure, vos yeux brillent comme des étoiles. Votre rugissement produit la tempête. Votre force est sans égale, et vous entendez distinctement tout ce qui se passe au loin. Quand vous traversez la forêt, tous les autres animaux s'agenouillent devant vous. Nous vous prions de descendre sur cet autel, afin d'y recevoir nos présents et nos prières ».

La baleine est de la part des habitants du littoral, l'objet d'une égale vénération. Sur la côte d'Annam, il n'est pas de village de pêcheurs qui ne possède sa petite pagode, contenant les ossements plus ou moins authentiques d'un de ces animaux. Lorsque quelque baleine morte vient s'échouer sur la plage, il faut immédiatement procéder à son ensevelissement. Le corps de la baleine est, selon les rites, enveloppé de soie ou de cotonnade, et on désigne un *tru'o'ng nam* pour présider la cérémonie des funérailles. Dans les familles, suivant la coutume, le *tru'o'ng nam* est le fils aîné ou le chef de lignée. Celui qui remplit cet office auprès de la baleine, revêt comme s'il s'agissait d'un véritable défunt, les habits de grand deuil, et se considère comme le proche parent de l'animal qui vient d'expirer. Le corps est enfoui et sur le lieu de sépulture on élève un petit temple où à certaines époques on vient offrir des sacrifices

En Cochinchine, un culte analogue est rendu au dauphin. L'emploi du mot *ca voi* pour désigner ce cétacé est interdit, on doit se servir du mot *ông*, appellatif respectueux. On emploie aussi, pour dire qu'il est mort, un mot particulier : *luy*. Il a reçu le titre officiel de génie aux écailles de jade, grand poisson des mers du sud. Quand on a eu sur la côte plusieurs jours de mauvais temps, on pense que c'est le signe de la mort d'un dauphin. Les barques des villages riverains vont alors à la recherche du cadavre ; quand on l'a rencontré, on le ramène à terre pour lui faire des funérailles. C'est le patron de la barque qui l'a signalé qui joue le rôle de fils du dauphin ; comme tel il doit porter le deuil pendant trois mois et dix jours ; après quoi il exhume les os qui sont alors déposés dans un sanctuaire où, au commencement de chaque année, pour s'assurer de bonnes pêches on vient accomplir des sacrifices.

Le caractère sacré n'est pas reconnu seulement aux animaux, mais encore, nous l'avons vu plus haut à certaines catégories d'objets matériels.

Nous touchons par là au fétichisme. On sera peut-être surpris de nous entendre prononcer ici ce mot ; le fétichisme est, en effet, une doctrine qu'on ne rencontre généralement que chez des races inférieures ; à l'idée de fétiche s'associe presque toujours, dans notre esprit, celle des peuples sauvages de l'Afrique. Cependant, après un examen sérieux et impartial nous devrons reconnaître que sous le rapport des croyances, le populaire annamite n'est pas toujours très supérieur à ces tribus primitives.

Le superstitieux respect dont on entoure en Annam le « Seigneur Pot à chaux » *Ong binh voi*, (*) protecteur des familles, n'est pas autre chose que du pur fétichisme. Soigneusement rangés sur les murs de clôture des lieux sacrés, ou au pied des gigantesques banians qui ombragent l'entrée des pagodes, alignant leurs panses rebondies et barbouillées de chaux, ils attestent le soin pieux que leurs possesseurs ont pris de les préserver du sort ordinairement dévolu aux objets hors d'usage. Si le bonheur règne dans une maison,

---

(*) C'est un vase, en cuivre ou en terre, de la grosseur des deux poings réunis, et destiné à contenir la chaux qui avec la noix d'arec et les feuilles de bétel, compose la chique annamite.

c'est que le Pot est demeuré intact et sans fêlure ; si on le laisse s'ébrécher, c'est un signe certain de malheur. En cas d'incendie, c'est lui qu'il faut le premier, mettre en lieu sûr ; si on l'oublie, pour vous punir, il vous empêche de rien sauver.

Une autre espèce d'objets unanimement révérée est celle des fourneaux de cuisine *ông tao*. Mais ici nous touchons à une phase de transition entre le fétichisme proprement dit et le spiritualisme ou doctrine des esprits. Lorsque la notion du double, de l'âme, se fut constituée et eut été étendue à tous les êtres, à toutes choses, la conception qu'on se faisait des fétiches se trouva naturellement modifiée ; on attribua leurs pouvoirs à des esprits plus ou moins personnels, mais toujours distincts des objets avec lesquels ils avaient été jusque là confondus. La légende attachée au fourneau de cuisine nous fournit une illustration topique de cette évolution progressive.

Les trois supports en terre réfractaire dont se constitue le fourneau annamite, représentent les trois pierres qui composaient le foyer primitif et dont, selon toutes probabilités on avait fait des fétiches. (Le culte du feu domestique se trouve à peu près chez tous les peuples). Mais il est venu un moment où cette croyance ne put plus être acceptée telle quelle ; on la modifia en y introduisant la notion nouvelle d'esprit incarné. C'est sur ces données, sans doute, que se construisit alors la légende actuelle : Une femme divorcée qui s'était remariée, revit une fois son premier mari ; se trouvant seule ce jour-là, elle l'accueillit chez elle et lui donna à boire. L'époux légitime rentrant à l'improviste, l'hôte ivre de trop nombreuses libations, n'eut que le temps de se blottir sous une meule de paille, où il s'endormit. Il ne devait plus se réveiller car on mit malencontreusement le feu à la meule. Lorsque la femme aperçut l'incendie, elle comprit qu'elle avait involontairement causé la mort du pauvre homme et de désespoir se jeta dans le feu, où son mari, fou de douleur, se lança à son tour. En souvenir de la tragique aventure, les Annamites ont fait de ces infortunés leurs Génies du foyer et les ont identifié aux trois supports sur lesquels est posée la marmite ; l'un des trois est appelé *Ba* '' madame'', et les deux autres *ông* '' monsieur'' pour rappeler les deux maris. Un de ces derniers seulement est proprement le génie de la cuisine *ong tao* ou *Tao than* ou encore, en langue vulgaire, *ong vua bep*. La tradition ne parait pas très bien fixée sur le rôle et la qualité des deux autres personnages ; c'est là une question secondaire sur laquelle nous ne nous arrêterons pas. *Ong tao,* le '' Seigneur du foyer'' monte au ciel quelques jours avant la fin de l'année pour rendre compte au tribunal céleste des actions bonnes ou mauvaises des habitants de la maison à laquelle il appartient. Aussi, la veille de son départ, doit-on, dans chaque famille célébrer une cérémonie en son honneur ; on lui offre de l'or, de l'argent, un cheval ou un poisson pour lui servir de monture pendant son voyage et on lui adresse l'invocation suivante : « A l'occasion de la fête du 23 du « douzième mois, je me permets de vous offrir ces modestes « présents. Au cours de l'année qui va finir j'ai joui, grâce « à votre toute puissante protection, d'une inaltérable pros-« périté. Je vous prie humblement de me conserver votre « faveur et d'intervenir pour moi auprès de la Cour « Céleste. Que tous, dans la famille, ayons du riz à « manger, des vêtements pour nous couvrir et que règne « parmi nous la paix et le bonheur. Telle est la grâce « que je vous demande, ô Roi du Foyer ! »

Nous voyons peu à peu de la foule des êtres et des choses sacrés se détacher sous l'influence de la doctrine spiritualiste, des individualités synthétisant les caractères communs à toute une catégorie d'êtres ou d'objets. Le « Roi du foyer » dont les fourneaux de cuisine sont les innombrables incarnations, représente toute la classe de ces ustensiles domestiques. De même l'espèce entière des tigres, est personnifiée par le « Tigre Blanc », sorte d'esprit du mal, auquel une secte de sorciers rend un culte régulièrement organisé. Ce sont là, si l'on peut dire, des divinités embryonnaires.

Mais l'individualisation a été naturellement de plus en plus parfaite lorsqu'il s'est agi de choses de moins en moins nombreuses en leur espèce, telles que les grands objets ou les grands phénomènes de la nature : collines, montagnes, rivières, fleuves, bois, forêts, étoiles, planètes, nuages, vent,

pluie, tonnerre, etc... qui autrefois adorés pour eux-mêmes
ont été eux aussi dédoublés et conçus dès lors comme gouvernés du dehors par des êtres spirituels plus ou moins
anthropomorphisés. Dans certaines provinces du Tonkin, et
dans celle de Bac-Ninh notamment, les nuages, la pluie, le
tonnerre et les éclairs sont représentés par quatre divinités :
*Phap Vân*, *Phap Vu*, *Phap Loi*, *Phap Diêu*. Les quatre
points cardinaux sont devenus des génies : *Bac Chân* (du
Nord), *Nam Chân* (du Sud), *Tây Chân* (de l'Ouest), *Dông
Chân* (de l'Est). La germination a été symbolisée par *Cau
Mang* ou *Chua Xuân* le « Seigneur du Printemps » qui préside à l'ensemble des phénomènes qui accompagnent la première saison de l'année. C'est lui qui fait verdoyer les rizières
naissantes, qui pare les champs de leurs premières fleurs, qui
couvre les arbres de leurs feuilles nouvelles et les charge de
fruits. Les étoiles sont le séjour de génies qui exercent une
influence considérable sur la marche de l'humanité. Les vingt-
huit constellations parcourues par l'orbite lunaire ont été divisées en circonscriptions, soumises chacune à un dieu : le groupe
du Nord à *Tran Vu*, le guerrier noir ; celui du Sud à *Chu
Tuoc*, le moineau rouge ; celui de l'Est à *Thanh Long*, le
dragon bleu ; celui de l'Ouest à *Bach Ho*, le tigre blanc. Au-
dessus d'eux sont la Terre, mère du monde, et le Ciel *Thien*,
qui n'est plus maintenant la voûte céleste, mais le maître de
l'Univers : *Thuong Dê*, l'Empereur suprême, ou encore *Ngoc
Hoang*, l'Empereur de Jade. Il a deux lieutenants : *Nam Tao*,
l'étoile du Sud, et *Bac Dau*, l'étoile du Nord ; le premier est
à la droite et tient le registre des naissances ; le second est à
la gauche et tient le registre des décès.

Cependant la nature n'a pas été seule à fournir des
dieux au panthéon annamite ; nous avons montré précédemment quelle autre source féconde constituait la transformation des idées générales en êtres réels. On a donné, en
Annam, à des concepts tels que : Agriculture, Guerre,
Littérature, Bien, Mal, etc., une personnalité, une existence
objective. Le dieu de l'Agriculture *Than Nong* est l'inventeur
de la charrue ; c'est lui qui apprit aux premiers hommes à
cultiver la terre ; il découvrit les vertus curatives des simples
et institua des marchés pour faciliter les échanges. Le dieu
de la Guerre a été identifié avec un général de la deuxième

dynastie des Han, appelé *Quan Vu* et renommé pour sa bravoure et sa fidélité à toute épreuve. On le représente sur les autels, la figure rouge, garnie de cinq touffes de poils en guise de barbe ; il est assisté de ses deux fidèles aides de camp *Quan Binh* qui tient son seau, et *Chau Xuông* qui porte ses armes. Le patron des Belles-Lettres est *Van Xuong*; il réside dans la Grande Ourse. La légende veut qu'il ait vu le jour dans le royaume de Ngo, à une époque où les mœurs étaient encore toutes primitives ; les hommes se rasaient les cheveux, se peignaient le corps et vivaient dans l'ignorance la plus absolue. *Van Xuong* leur apprit à se vêtir, et les instruisit dans les lettres, la philosophie et la médecine. Son culte est officiel et pratiqué sans préjudice de celui rendu à Confucius et à ses disciples. Le Bien et le Mal enfin ont été représentés sous les traits de deux personnages appelés *Ong Thien* et *Ong Ac* le " Seigneur bon " et le " Seigneur méchant ".

Il semble qu'ayant ainsi personnalisé quelques unes de ses conceptions abstraites, l'Annamite aurait dû, à l'exemple des peuples polythéistes d'Occident, poursuivre dans cette voie et aboutir ainsi à une floraison de dieux analogue à celles des Grecs et des Latins. A ce point de vue cependant, le développement de l'idée religieuse paraît avoir subi en Annam, un arrêt brusque. La cause en est, sans doute, dans cette sorte d'impuissance intellectuelle dont paraît atteinte la race jaune et qui l'empêche de donner à ses conceptions imaginatives, des contours nettement accusés et à son langage la précision de nos parlers européens. Une langue pauvre, faite de mots-symboles aux sens multiples et indécis, devait peu favoriser l'éclosion et la netteté des idées mythiques. Aussi rencontrons-nous en Annam relativement peu de ces abstractions personnifiées dont nous avons donné les quelques rares exemples.

Précisément à cause de cette pauvreté, le polythéisme annamite a paru de bonne heure, évoluer vers le monothéisme. Cette tendance qu'on retrouve aussi dans la religion chinoise, et pour les mêmes raisons, a été signalée par de nombreux auteurs qui ont voulu y voir les traces d'un monothéisme primitif dégénéré. (Stanislas Julien · Le Livre de la Voie et de la Vertu, Introduction. — Abel Rémusat : Mémoire sur Lao-tseu. — Bouinais et Paulus : Le culte des morts, Avant-propos, etc.). Cette théorie a été combattue depuis, avec quelque succès, au moyen d'arguments tirés de l'histoire, de la linguistique, de l'interprétation des textes anciens, etc. (M. Courant : Sur le prétendu monothéisme des chinois. — L. de Rosny . Le Taoïsme, etc.). Les arguments sociologiques ne sont pas moins décisifs que les précédents. Il est possible, en effet, de démontrer que le vague monothéisme actuel des Chinois et des Annamites procède naturellement des croyances antérieures que nous venons d'exposer, qu'il est non pas le résultat de spéculations abstraites, de raisonnements a priori, mais simplement celui de l'expérience.

Nous avons vu que le monde surnaturel est, pour l'Annamite, le double, la reproduction du monde terrestre ; dans chacun d'eux se retrouve une société identique, soigneusement hiérarchisée. C'est la hiérarchie qui caractérise toutes les doctrines religieuses des Annamites. Les génies, les démons et les dieux ont tous un grade qui leur a été solennellement conféré par le Fils du Ciel, l'Empereur ; sur chaque autel, devant la statue ou devant le siège où vient s'asseoir l'esprit, se trouve un coffret richement ciselé contenant le brevet revêtu du sceau impérial. Dans les temples les idoles sont disposées sur des gradins plus ou moins élevés qui marquent ainsi la situation et la puissance respectives de chacune d'elles.

En modelant l'un sur l'autre le Gouvernement des dieux et celui des hommes, l'Annamite a été amené logiquement à concevoir une suprématie divine qu'il a attribuée au plus grand, selon lui, des esprits de la nature : Le Ciel, sous sa forme personnelle : *Thuong-dê*, " Empereur Suprême ", ou encore sous son nom populaire : *Ngoc-hoang* " Empereur de Jade ". *Ngoc-hoang*, d'après les Annamites, habite le centre du Ciel, il est le maître souverain du Soleil, de la Lune, des planètes et des étoiles, de la pluie, du tonnerre, des génies des montagnes, des fleuves et des forêts ; c'est lui qui envoya aux hommes les trois grands empereurs, Phuc-Hy, Thân-nông et Hiên-viên, qui les civilisèrent, leurs enseignèrent à cultiver la terre et à se vêtir.

Cette conception du Ciel, encore grossière, s'est peu à peu affinée ; les lettrés ont idéalisé cette divinité et l'ont dépouillée de son aspect anthropomorphique. Elle est devenue la Providence, la Destinée, l'Intelligence Suprême. " Le Ciel, (*Thiên*), c'est la source d'où la raison procède, dit Tchou-hi (Meng-tseu VIII.1) " " Il n'arrive rien sans qu'il soit décrété par le Ciel (Meng-tseu VII. 2) " " Tous les êtres ont leur racine dans le Ciel " a dit Confucius (Kia-yu XXIX).

Cet aspect naturaliste n'est pas encore le dernier sous lequel on puisse considérer la religion annamite. Il nous reste en effet à parler du culte des morts et de ses dérivés.

V

La théorie de l'existence de l'âme, précédemment exposée, implique parfois, comme on a pu s'en rendre compte, la croyance à une vie future. Il ne faudrait pas supposer cependant que cette croyance est la logique conséquence de la doctrine animiste ; il est à présumer au contraire que cette doctrine est postérieure à l'idée d'une continuation de l'existence après la mort. Pour les primitifs, en effet, la mort n'est qu'une sorte de sommeil prolongé ; et la conduite des survivants auprès du cadavre est commandée par cette croyance.

Quelques uns des rites funéraires encore en usage aujourd'hui chez les Annamites nous montrent que ceux-ci n'ont pu encore se dégager complètement des vieilles conceptions héritées de leurs ancêtres sauvages. C'est ainsi qu'après la mort on fait faire au défunt un repas composé de riz qu'on lui introduit dans la bouche en écartant les dents au moyen d'une baguette. De plus on lui présente jusqu'au jour des funérailles et aux heures des repas, des aliments tout comme à une personne vivante.

Ce ne sont plus là, il est vrai, que des survivances de croyances aujourd'hui abolies ou modifiées par les théories spiritualistes ; mais elles n'en ont pas moins laissé leur empreinte profonde dans tout le rituel funéraire.

C'est à l'âme que vont maintenant les offrandes et les honneurs adressés autrefois au cadavre. Les gestes sont restés les mêmes ; seule leur signification a changé. Voici comment est décrite dans le *Gia-lê* une des plus touchantes de ces cérémonies funèbres : « Quand la maison est suffisamment grande, on y installe un *linh sang* ou lit destiné à l'âme du mort. La couverture, la natte, la moustiquaire, l'oreiller et les divers autres objets usuels, y sont au complet et disposés comme ils l'auraient été du vivant du défunt. Devant le lit est posé le *linh toa* trône de l'âme, sur lequel est placé le fauteuil des ancêtres. Tous les matins, au lever, les enfants apportent les linges et les objets de toilette, la boite à bétel, le plateau à thé et les déposent respectueusement devant le linh sang ; ils relèvent la moustiquaire et s'agenouillant prononcent ces mots : « Le soleil se lève à l'est ; le jour luit ; nous demandons à l'âme (*) de la transporter sur le linh toa. »

Après un instant de silence, l'âme est mise sur son siège, après quoi on plie la couverture, on range l'oreiller et on s'occupe du repas sacré du matin. Le soir on offre également un repas après lequel, à la tombée de la nuit, les enfants se présentent à nouveau devant le siège ancestral : « Le soleil est couché, disent-ils ; la nuit est proche ; nous demandons à l'âme de la reporter sur son lit de camp. » Ils se prosternent alors, puis pieusement, l'âme est remise sur son lit, la couverture est déployée, et la moustiquaire descendue tout comme si le défunt existait encore. »

Les Annamites croient donc à une vie future, ce qui est cause, en partie, de leur indifférence bien connue devant la mort. Ils ont coutume d'avoir chez eux le cercueil qui recevra leur dépouille mortelle ; un tel meuble est un cadeau très apprécié que les enfants prévenants font à leurs parents âgés ; ainsi nous avons vu un haut mandarin qui se pique pourtant d'occidentalisme, montrer avec quelque orgueil à des visiteurs, le cercueil de marbre qui lui était destiné.

Mais quelle idée les Annamites se font-ils de cette vie future ? Dans quelles conditions, d'après eux, l'âme existe-t-elle après la mort ? A vrai dire, ils n'ont de tout ceci que

---

(') Représentée comme nous l'expliquerons plus loin par une bande de soie affectant vaguement une forme humaine.

dés notions très vagues ;· il est même permis de se demander s'ils ont une notion réelle, déterminée, de l'immortalité. Ils paraissent plutôt croire tout simplement à une autre vie et il semble à priori que cette croyance soit plus conforme au génie de la race et à ses habitudes d'esprit ; l'intelligence annamite est peu faite aux abstractions ; elle ne s'exerce que sur des réalités, des faits concrets, et concevra, par conséquent, plus facilement la continuation de l'existence que l'immortalité même. Ce qui va suivre nous confirmera dans cette opinion.

D'abord que deviennent-les âmes ? Où résident-elles ?

Les rapports entre l'âme et le corps, nous l'avons vu, ne sont pas complètement brisés après la mort ; l'âme, en effet, apparaît le plus souvent sous sa forme corporelle qui comporte une ressemblance. Puisque un lien si évident unit le corps à l'âme, n'est-il pas logique de penser que l'âme habitera de préférence la dépouille mortelle, ou le lieu où celle-ci a été déposée, c'est-à-dire le tombeau. De cette théorie dérive la nécessité de la conservation des corps et l'obligation de leur donner une sépulture.

C'est ainsi notamment qu'en raison de la corrélation existant entre le corps et son image ou fantôme, la croyance s'est établie que la mutilation du corps pouvait avoir sur l'âme une répercussion fâcheuse. Quiconque par exemple, perd un membre dans ce monde, arrivera dans l'autre privé de ce même membre. Annamites et Chinois ont une croyance très vive en cette doctrine ; la preuve en est dans l'horreur particulière que leur inspire la décollation.

Aussi le code, dans la graduation des diverses peines de mort, a-t-il tenu compte de ce sentiment en considérant la décapitation comme la peine la plus grave. Il n'est pas rare de voir après une exécution capitale les parents du condamné demander comme une extrême faveur de recoudre à sa place la tête détachée du tronc. De même, les ennuques conservent-ils précieusement le vestige de leur virilité perdue afin de pouvoir après leur mort l'emporter avec eux dans le cercueil. C'est dans un même sentiment que le Code interdit la crémation et inflige à ceux qui s'en rendent coupables la punition de 80 coups de bâton. La tradition bouddhique elle-même qui veut qu'on incinère les corps, a du composer avec la loi du respect des cadavres ; aussi les bonzes annamites ne brûlent-ils même pas les leurs.

Le législateur n'a pas songé seulement à prévenir la destruction ou la mutilation des cadavres ; il a veillé aussi à ce que leur conservation soit assurée le plus longtemps possible, et à cet effet, il a prescrit la sépulture obligatoire. La privation de sépulture est punie de cent coups de bâton et de l'exil à 3000 lis (art. 245). La même peine est infligée aux parents qui se rendent coupables de la vente du terrain sur lequel sont érigés les tombeaux de leur famille; de plus le prix de vente est confisqué au profit de l'Etat. Ceux qui nivellent les tumuli funéraires pour établir des rizières ou des jardins, encourrent la peine de 100 coups de tru'o'ng et sont tenus de rétablir les lieux dans leur état primitif.

La nécessité d'une sépulture parait aux Annamites tellement inéluctable qu'ils ont coutume d'élever des tombeaux même aux gens noyés ou disparus dont on n'a pu retrouver le cadavre. Un sorcier tache de s'emparer de l'âme, jusque là errante ; il l'indroduit ensuite dans un mannequin qui, placé dans un cercueil, est enterré alors selon les rites usités pour de véritables funérailles.

On voit donc, d'après ce qui précède, que l'âme doit habiter le cadavre. Mais il nous faut ajouter que cette âme est particulièrement difficile à fixer ; nous savons, en effet, qu'elle abandonne le corps fréquemment, soit pendant le sommeil, soit après la mort. « Après que le hôn et le via sont sortis du corps, dit le Tam-giao, ils en sont séparés par des fleuves et des montagnes où règnent les ténèbres. Le hôn et le via se dispersent dans l'espace ; on ne sait pas exactement sur quelle montagne, dans quelle contrée ils se trouvent. Le matin ils attendent la pluie, et le soir ils suivent les nuages ; ils errent continuellement. Quelquefois ils se reposent sur des buissons, d'autres fois aux pieds des arbres. Qu'ils sont donc à plaindre à voltiger ainsi sans jamais savoir où se fixer ». Le Rituel ajoute que pendant la toilette du mort ou le transport du cercueil on remue le corps, on le change de place ou de position, si bien que le hôn et le via ne savent où se réfugier.

C'est pourquoi il faut les exhorter à ne pas s'éloigner:
« Maintenant qu'on emporte le cadavre pour l'enterrer,
l'âme du mort doit le suivre sans hésitation ; elle ne
doit rien regretter et ne pas essayer de se réfugier en
quelque endroit de façon à retarder le départ et à nous
créer ensuite des ennuis, à nous attirer des malheurs.
Elle ne doit pas faire celà. » « O l'âme ! O l'âme ! lui
dit-on encore, pénètre dans ce cadavre, pour l'habiter
tranquillement ».

Le souci de retenir l'âme près du corps a donné lieu
à une très curieuse coutume dont à notre connaissance il
n'existe pas d'équivalent chez d'autres peuples en dehors
des Chinois. Lorsqu'un moribond entre en agonie, on lui
place sur la poitrine une pièce de soie blanche nouée
de manière à figurer un corps humain ; au moment du
dernier soupir, l'âme libérée au lieu de s'échapper défi-
nitivement, rentre dans la pièce de soie dont la ressemblance avec le corps qu'elle vient d'abandonner, la
trompe ou l'attire. Le *hon bach* (l'âme-soie) — c'est ainsi
qu'on appelle l'étoffe où l'âme s'est incarnée — est alors
placée sur un lit de parade, où des hommages lui
sont présentés ainsi que des offrandes, comme nous
l'avons déjà indiqué dans une page précédente, jusqu'au
jour des funérailles. Le moment venu, le hon-bach,
appuyé sur une stèle en bois destinée à devenir la
tablette du défunt, est disposé sur une sorte d'autel
appelé le char de l'âme : *linh xa*, qu'on transporte
avec le cercueil sur le lieu de sépulture. Après la fer-
meture du tombeau, une invocation est adressée à l'âme
pour qu'elle quitte la pièce de soie et vienne prendre
possession de la tablette. Cette prise de possession a
lieu au moment précis où le point final est mis à l'inscription du nom du défunt sur la stèle. Celle-ci est
replacée sur l'autel portatif et ramenée à la maison
mortuaire avec la pièce de soie qui désormais inutile
est enfouie dans un endroit désert. A partir de ce
moment l'âme répond aux invocations qu'on lui adresse,
en descendant dans la tablette ; elle retourne ensuite
au tombeau qui est sa demeure habituelle.

Telle est dans ses grandes lignes la doctrine couramment admise concernant le séjour des âmes après la mort. Mais, il en est d'autres encore en plus ou moins grande contradiction entre elles ; nous ne les citerons pas toutes ici ; nous en retiendrons une seulement qui mérite une mention spéciale.

D'après leurs pratiques actuelles et d'après les commentaires qu'ils en donnent, les Annamites semblent avoir abandonné, au moins en partie, la théorie orthodoxe relative à la demeure des âmes ; ils supposent, en effet, que soumis aux mêmes besoins que les vivants, les habitants de l'autre monde doivent être pourvus, non seulement de nourriture, mais aussi d'une maison, d'un abri, en dehors de celui que constitue le tombeau.

Voici comment s'exprime à ce sujet le pratiquant qui suit les prescriptions du Tam-Giao : « Maintenant que j'ai « enterré mon père, je crains que son âme qui habite un « champ désert, une contrée vide d'humains, n'ait rien pour « s'abriter. S'il pleut, où se réfugiera-t-elle ? S'il fait du « vent, par quoi sera-t-elle protégée ? La voilà exposée aux « froides rosées et au soleil ardent, Pour toit, elle n'a que le « ciel, et pour tout lit, la terre. Qui peut mesurer la profon- « deur de sa détresse, l'étendue de son malheur ? Moi, qui « suis votre fils, pourrais-je avoir le cœur de vous laisser « dans une telle situation ? Aussi ai-je fait construire par des « ouvriers habiles cette maison, garnie de lits sculptés, de « colonnes peintes et enclose d'un mur orné de licornes, de « phénix et de dragons. Je vous la remets afin que vous en « jouissiez pour l'éternité dans la paix et le bonheur. »

Notre aperçu sur la vie future serait par trop incomplet si nous ne disions enfin quelques mots de la théorie de la transmigration des âmes. Nous ne voulons pas parler ici des croyances pouvant résulter de l'importation du bouddhisme en Annam. Il s'agit au contraire de doctrines originales, exclusivement locales, qui devaient avoir cours parmi le peuple des « Cent Tribus », bien avant l'introduction de la doctrine bouddhique et que celle-ci n'a fait, en somme, que revivifier.

Ces croyances, en effet, sont essentiellement philoso-

phiques en ce sens qu'elles constituent, ou constituaient
autrefois, une explication logique de certains phénomènes
naturels. Ainsi, comment peut-on rendre compte de la ressemblance physique et morale, qui existe entre les descendants et les ascendants, quelquefois à plusieurs générations
ou degrés d'intervalle, sinon par la réincarnation de l'âme
d'un parent défunt, dans le corps d'un des membres de sa
famille. Et, partant de ce principe, est-ce qu'il n'est pas possible de penser que des ressemblances entre des personnes
qu'aucun lien de parenté n'unit, ont aussi pour cause une
réincarnation ?

La conception essentiellement confuse que l'Annamite
se fait de l'individualité psychologique a beaucoup aidé,
sans doute, à l'acceptation de cette théorie nouvelle. La
croyance à la transmigration des âmes n'a pas surgi d'ailleurs d'un seul coup dans la philosophie annamite; des
croyances transitionnelles, en effet, constituaient un terrain
tout préparé pour son libre développement. Parmi celles-ci
il convient de mentionner l'opinion couramment admise
d'après laquelle l'âme après sa fuite, qui a occasionné la mort
de l'individu, peut parfois s'introduire dans un cadavre autre
que celui qu'elle vient de quitter.

L'union, en effet, est si naturelle, si nécessaire entre le
corps et l'âme, que celle-ci après quelques instants de liberté,
essaie de pénétrer de nouveau dans son enveloppe charnelle.
Ne peut-on admettre que, soit par erreur, soit par caprice,
ou pour toute autre circonstance, elle pénètre dans un autre
corps que le sien ? Nous avons déjà narré la curieuse aventure du lettré ressuscité dans la personne d'un charcutier ;
et il existe de nombreux faits analogues qu'on pourrait rele-
ver dans les pratiques ou dans la littérature populaires, mais
que nous nous contentons seulement de signaler en passant.
Maintenant si l'on a présent à l'esprit la conception que
nos natifs d'Indo-Chine se sont fait des choses et des êtres
qui les entourent, si l'on se rappelle que pour eux il
n'existe pour ainsi dire pas de démarcation entre les règnes,
les genres et les espèces, on trouvera assez naturel qu'une
âme humaine puisse aller animer indifféremment des hommes ou des bêtes et que réciproquement les âmes des
animaux puissent habiter dans des personnes humaines.

Nous arrivons ainsi insensiblement à la notion de la transmigration telle que l'enseigne le plus pur bouddhisme. L'Annamite, on le voit, était admirablement préparé à recevoir la doctrine de Ca Kia-mouni. Il l'a, il est vrai, déformée, il en a amoindri parfois les sublimes beautés en l'adaptant à sa mentalité et à ses croyances antérieures ; mais il en a respecté l'élément essentiel : le dogme de la renaissance des êtres, qui coïncidait avec ses propres convictions.

La doctrine bouddhique de la transmigration est trop connue pour qu'il soit nécessaire de nous y appesantir particulièrement ; il nous suffira de rappeler sommairement que, pour ses adeptes, la mort n'est que le passage d'une existence à une autre ; chaque être est soumis à des renaissances successives dont le terme suprême : le *nirvana* est l'état de pureté absolue. Dans chaque vie, l'âme acquiert des mérites ou commet des fautes qui déterminent la nature de sa prochaine transmigration. Il y a six degrés ou conditions de l'existence : les esprits célestes, les hommes, les démons, les animaux, les monstres et les damnés. Si l'âme s'est perfectionnée, si elle a pratiqué les vertus de charité et de renoncement, elle renaîtra dans une condition supérieure à la précédente ; si au contraire elle a démérité, elle descendra d'un ou plusieurs degrés, après avoir expié ses fautes dans une des dix régions de l'enfer.

L'idée de l'enfer a fait fortune chez les Annamites aussi bien que chez les Chinois. En concrétisant sous une forme saisissante la notion de sanction morale dont la pure doctrine bouddhique leur offrait une conception trop abstraite et trop élevée, elle a satisfait leur esprit naturellement peu porté ver les hautes spéculations méthaphysiques. C'est ainsi que la torture morale est inconnue aux enfers annamites ; les tourments auxquels sont voués les damnés n'atteignent jamais que le corps ; mais les peintures effrayantes qu'on en donne sont bien faites pour frapper l'imagination naïve du populaire annamite. Quelques exemples suffiront à en donner une idée. Dans certaines régions infernales, les âmes sont soumises aux supplices : de la famine, de la soif, du feu, du dépeçage, du percement du cœur, de l'enlèvement du foie, de l'arrachement des ongles, de la désarticulation, de la pourriture de la main, de l'écrasement sous la pierre. Dans d'autres régions on a le corps pollué d'excréments, les lèvres fendues et la bouche remplie d'aiguilles, les organes sexuels coupés et mangés par les rats, on est enfermé dans un filet et mangé par les vers ; toutes les ouvertures du corps sont garnies de petits clous, etc., etc.

Quant au paradis où l'on passe avant d'atteindre la suprême sagesse, il est bien de nature à satisfaire l'esprit positif et pratique des bouddhistes annamites pour lesquels le nirvana n'offre que bien peu d'attraits. On y trouve de l'or, de l'argent, des pierres précieuses. Des eaux de cristal parsemées de lotus y coulent sur des sables d'or. On y entend constamment une musique délicieuse, trois fois par jour il y tombe une pluie de fleurs. On y voit des oiseaux rares qui toutes les quatre heures chantent en chœur les beautés de la religion. Des balustrades, des filets de soie, sept sources qui possèdent les dix qualités de l'eau parfaite, c'est-à-dire qu'elles sont paisibles, pures, fraîches, douces, agréables, légères, suaves, calmantes, apaisant la faim et la soif, nourrissant toutes les racines ; des pavillons à deux étages construits en joyaux multicolores, telles sont quelques unes des merveilles qui attendent les bienheureux.

Bien que rentrant pleinement dans notre sujet, les descriptions que nous venons de faire ont interrompu quelque peu la suite des déductions logiques par laquelle nous essayons d'arriver à une notion complète de l'âme, suivant les Annamites. L'âme humaine, disions-nous tout à l'heure, peut transmigrer, c'est-à-dire passer par les six degrés de l'existence : esprits célestes, hommes, démons, animaux, etc. Mais cette théorie de la métempsycose n'est qu'un aspect d'une théorie beaucoup plus générale : celle de l'incarnation que nous allons examiner maintenant sous un aspect nouveau.

Nous savons déjà que les âmes des morts peuvent transmigrer dans des corps d'animaux et réciproquement. Une telle croyance est suffisamment justifiée à nos yeux par les ressemblances qu'offrent entre eux hommes et bêtes ; ne sont-ils pas tous, en effet, également doués de vie, de mouvement, de sentiment, de volonté ? Mais ce qui peut nous paraître plus invraisemblable c'est que les mêmes âmes puissent habiter des objets inertes. Cette croyance est cependant très répandue et donne lieu à des pratiques courantes dont nous avons déjà mentionné quelques-unes. Lorsqu'on veut donner une sépulture aux noyés ou aux disparus, on capture leur âme en l'obligeant à s'introduire soit dans un vêtement du défunt, soit dans un drapeau, ou dans un bambou. Quand, au cours des cérémonies rituelles, le chef de famille se prosterne devant l'autel, il est convaincu de se trouver réellement en présence de son ancêtre dont l'âme est descendue dans la tablette funéraire. N'avons-nous pas vu également le *hôn* du mort pénétrer dans la pièce de soie posée sur sa poitrine, etc.? Une telle croyance peut, au premier abord, paraître assez difficile à justifier. On a pu cependant, par un raisonnement simple, en démontrer la légitimité. Nous avons expliqué précédemment que l'âme habite les restes mortels, c'est-à-dire un corps déjà *inerte*. Or, une association d'idée s'établit qui permet, par une progression insensible, d'arriver à identifier l'âme des morts avec leurs ossements par exemple. Nous avons vu, d'autre part, dans le 1ᵉʳ paragraphe, que la personnalité des individus est extrêmement diffuse, et réside aussi bien dans l'individu tout entier que dans une quelconque de ses parties : un membre, un cheveu, un ongle, un vêtement, etc. Or, si l'on considère que la personnalité est constituée précisément par la présence de l'âme, on est amené logiquement à reconnaître que cette dernière peut-être contenue dans un ongle, un cheveu, etc. Il ne reste qu'à généraliser un peu plus et à admettre par analogie, que l'âme peut s'incarner dans n'importe quel objet inerte.

VI

Il nous reste maintenant, après avoir parlé de la croyance en une vie future, à montrer comment sur cette base, s'est constitué le culte des morts. Peut-être ce culte existait-il déjà sous une forme rudimentaire avant les doctrines animistes. D'après l'idée que les premiers hommes se faisaient de la mort : — une sorte de vie obscure, atténuée, qui durait tant que durait la dépouille — il est permis de penser que le cadavre de certains personnages, chef de tribu ou de famille par exemple, était entouré au moins pendant quelque temps, du même respect, des mêmes honneurs qui allaient autrefois au vivant. Le repas du mort dont nous avons parlé tout à l'heure peut être considéré comme un vestige de ces pratiques arriérées. Mais lorsque la croyance à un principe spirituel et à sa survivance se fut établie, le respect des cadavres — demeures des âmes — se généralisa. Le culte des morts avait sa première raison d'être dans ce qu'il était la simple continuation du culte rendu aux vivants. Cependant pour qu'une semblable coutume fût unanimement adoptée, pour que tous les vivants, après leur mort, fussent divinisés, il fallait un autre mobile. Nous le trouvons dans le sentiment d'insécurité qu'éprouvait l'homme au milieu du conflit des puissances bonnes ou mauvaises dont il avait peuplé l'univers. Pour s'attirer du bonheur, pour écarter de lui toutes les peines, tous les dangers, il lui fallait trouver dans cette foule de personnalités subtiles : âmes et esprits, des alliés fidèles et vigilants. De qui pouvait-il le plus sûrement attendre aide et protection, sinon de ceux des siens passés par delà ce monde. En échange de ces services ou pour se les assurer, des invocations, des actions de grâce, des offrandes étaient adressées aux morts. Par le culte dont ils devenaient ainsi l'objet, les morts étaient faits dieux.

Les prescriptions rituelles concernant le culte des morts en Annam sont contenues dans deux ouvrages d'inégale valeur mais également répandus : *Le Gia-lê*, Rituel domestique, et le *Tam-Giao*, *Livre des Trois Doctrines*. Le premier est un ouvrage classique, représentant la tradition pure de tout mélange ; le deuxième est essentiellement populaire et fait une large place aux superstitions et aux pratiques de sorcellerie. Nous passerons sous silence toute cette partie du Rituel qui relève plutôt de la magie que de la religion proprement dite.

Quand une personne est sur le point de mourir, on dispose, comme nous l'avons dit déjà, sur sa poitrine, une pièce de soie blanche appelée *hôn bach*, qui doit servir de refuge à l'âme au moment de sa sortie du corps.

Le cadavre ayant été mis au cercueil on le garde dans

la maison jusqu'au jour proprice où l'enterrement pourra avoir lieu. En attendant la levée du corps, le hôn-bach (l'âme soie) est disposé sur un lit de parade et fait l'objet des cérémonies précédemment décrites, page 33. Le jour de l'enterrement venu, après avoir mis le cercueil sur les brancards, on dispose sur une sorte d'autel portatif appelé le Char de l'âme ou *linh-xa*, le hôn-bach qu'on appuie sur une stèle en bois préparée à l'avance et destinée à devenir la tablette du défunt.

La tablette doit être en bois, de jujubier de préférence; ses dimensions sont en mesures européennes six centimètres environ de largeur sur vingt-cinq à trente de hauteur; elle est formée de deux planchettes superposées glissant l'une sur l'autre, et maintenues ensemble par leur encastrement commun dans la mortaise du socle. Sur la face extérieure de la tablette, peinte en blanc, est une inscription en caractères dont la rédaction est de forme dédicatoire; c'est sur la face interne seulement que se trouvent portés les noms et les titres du défunt.

Après que le corps a été inhumé, on procède à une cérémonie particulière, dite : de l'inscription sur la tablette. A cette occasion les dispositions suivantes doivent être prises. A l'ouest du tombeau est placé un autel sur lequel doivent être, un encrier, un pinceau et un bâton d'encre. A gauche et à droite de l'autel sont deux tables ; sur celle de gauche sont rangés un flacon d'alcool, un brûle-parfum et un bassin rempli d'eau aromatique destinée aux lustrations des officiants avant la cérémonie. Sur la table de droite, se trouve un écran pour l'oraison, une boîte d'encens et une théière pleine.

Le fils du défunt adresse une invocation à l'âme afin que celle-ci quitte son ancien refuge (le hôn-bach) pour venir dans le nouveau (la tablette); « Je prie l'âme, dit-il, de prendre possession de la tablette afin que plus tard je puisse l'évoquer pour lui offrir des sacrifices ».

Il est procédé alors à l'inscription du nom du défunt et c'est à ce moment précis que l'âme vient s'incarner dans la tablette. Celle-ci est replacée sur le " Linh-xa " (autel portatif) et transportée en grande procession, avec le hôn-bach à la maison mortuaire. L'âme-soie, désormais inutile, est soigneusement enterrée, dans un endroit désert et autant que possible inaccessible.

A partir de ce moment, l'âme répond à toutes les invocations qu'on lui adresse ; elle retourne ensuite au monde des ombres.

Après la mort, diverses cérémonies sont célébrées : d'abord tous les sept jours pendant sept semaines consécutives, puis le centième jour et durant les trois années de deuil pendant les trois mois d'été, aux dates suivantes : les 4, 14 et 24 du 4$^{me}$ mois ; les 5, 15 et 25 du 5$^{me}$ mois ; les 6, 16 et 26 du 6$^{me}$ mois.

Enfin, le deuil une fois terminé, les cérémonies se renouvellent au jour anniversaire de la mort et à l'occasion du *Têt* (Jour de l'an).

Pendant les trois ans qui suivent la mort, la tablette ne doit pas être mise dans le même local que celles des autres ancêtres, parce que pendant ce laps de temps toutes les cérémonies qui sont célébrées sont encore dites " douloureuses " et ne peuvent pour cette raison être accomplies dans l'anceinte sacrée où ne se font que les cérémonies de " bonheur ".

La tablette des morts récents est donc tenue d'abord dans un lieu spécial, et ce n'est qu'à la fin du deuil, qu'elle peut être mise à sa place dans la *Nhà-tho* (salle réservée au culte des ancêtres). Ce transport donne lieu à une solennité particulière. Tous les membres de la famille y participent. On sort de leur niche, où elles sont rangées, toutes les tablettes sauf celle de l'arrière grand père et de l'arrière grand'mère qui sont destinées à être enterrées (*). On efface avec une couche de blanc d'Espagne les indications de titres de parenté portés sur chaque planchette et on les remplace par celle qui conviennent désormais. Au lieu de *Père* et *Mère vénérés*, on met *Grand-Père* et *Grand'Mère vénérés* ; *Arrière-Grand-Père* et *Arrière-Grand'-Mère*, etc.

Après cette opération, les tablettes sont remises dans la niche, dans l'ordre et en commençant par le coin ouest, le coin est étant réservé à la nouvelle tablette.

---

(*) On ne conserve généralement que les tablettes de quatre générations.

Des offrandes sont offertes, des prières sont dites, après quoi les tablettes de la cinquième génération sont enterrées.


Le culte des ancêtres est par nature, exclusivement familial. Mais la famille en s'élargissant devait provoquer une extension particulière de son culte. La famille annamite, association solidement établie, est susceptible d'un développement indéfini. Chaque fils devenant à son tour chef d'une maison, la souche principale peut, sans se dissoudre, étendre et multiplier ses ramifications. Dans ce groupe, déjà vaste, chaque rameau secondaire célèbre son culte particulier ; mais des cérémonies en l'honneur de l'ancêtre commun réunissent à certaines époques fixées les membres de toute la souche. On peut imaginer facilement le groupe s'étendant de plus en plus et continuant cependant à avoir un culte commun différent du culte des ancêtres particuliers à chaque maison, mais en ayant gardé la plupart des caractères. Tel est le culte des patrons de communautés : corporations, villages, etc. Tous ceux qui exercent une même profession doivent le culte au premier homme qui a exercé cette profession. Chaque commune en Annam possède un temple dédié au dieu tutélaire de la localité.

Au culte des ancêtres et au culte patronal s'est superposé, par une évolution naturelle, un culte plus général encore rendu par la population de toute une région, de toute une province, de tout le royaume, à des hommes célèbres : grands capitaines, grands inventeurs, grands philosophes, bienfaiteurs d'un pays ou de l'humanité.

Nous pouvons citer dans cet ordre d'idées le culte rendu : au mandarin Thuong-quân, de la famille Pham, du village de Kinh-giao, fin lettré et général fameux ; il était gouverneur de la région du Tonkin, à 36 ans ; après sa mort il devint le dieu tutélaire de son village et le souverain d'Annam lui décerna le titre posthume de Vice-Roi ; à Huyên-thiên-Dai-thanh, mandarin fidèle qui rendit les plus grands services à son Roi et fils pieux qui sauva plusieurs fois la vie à sa mère ; à Bô-cai-Dai-Vuong,

Gouverneur du Territoire de Dao-châu, vénéré en souvenir de ses bienfaits ; aux trois maréchaux de l'Empereur Gia-long : Lê-van-Duyêt, Lê-chât, Dang-tran-Thuong ; aux deux héroïnes : Trung-trac et Trung-nhi qui fomentèrent une révolte contre la domination chinoise; etc.

Dans la même catégorie il convient enfin de ranger en dernier lieu comme le plus ancien et le plus général de tous, le culte rendu à la fois en Chine et en Annam, au philosophe Confucius et à ses disciples. Il existe un temple réservé à ce culte, à la capitale du Royaume et dans chaque chef-lieu de province ; il porte le nom de *Van-mieu*; dans les communes il existe seulement un autel en maçonnerie élevé en plein air, appelé *Van-chi*, ou Autel de la Littérature. A Huê, c'est l'Empereur lui-même qui officie ; dans les provinces, c'est le Gouverneur ou *Tông dôc*. ou à son défaut, le *Doc-hoc*, Directeur de l'Enseignement. L'officiant est assisté, à la Capitale, par les *Han-lâm-viên* ou membres de l'Académie, et les ministres ; dans les provinces par les *Huân-dao* et *Giao-thu*, professeurs d'arrondissements de première et deuxième classes. Dans les communes ce sont les notables lettrés.

On ne trouve dans les temples consacrés à Confucius aucune statue du grand philosophe ; comme dans le culte des ancêtres, c'est à la tablette que sont rendus les honneurs. Les offrandes sont les mêmes que celles présentées aux mânes ancestrales : encens, aliments, alcool, thé. L'invocation suivante, ou *Van-tê*, est prononcée par un des assistants et brûlée ensuite solennellement sur un autel spécial :

« En ce pays du Grand-Sud, le tel jour, de tel mois,
« de telle année, nous.... (ici les titres de l'officiant),
« nous permettons d'adresser ce qui suit au Maître Confucius.

« Votre vertu est comparable à celle du Ciel et de
« la Terre, et votre Doctrine éclaire l'antiquité et les
« temps présents.

« C'est vous qui avez composé les Six livres pour
« servir d'enseignement pendant les dix-mille siècles.

« Nous profitons de ce que nous arrivons au deuxième
« mois du printemps pour vous présenter ces modestes

« offrandes consistant en un porc, du riz gluant cuit, de
« l'alcool, des fruits, etc., et que nous vous prions hum-
« blement d'accepter.

« Nous adressons également nos hommages respec-
« tueux :

« A Nhan-tu, sanctifié pour sa perfection ;

« A Tang-tu et à Tu-tu, fidèles observateurs de la
« Doctrine ;

« A Manh-tu (Mencius) dont l'instruction égalait pres-
« que celle du Maître ;

« Ainsi qu'à tous les Sages de l'antiquité et à tous
« les anciens Lettrés et Philosophes ».


Avec le temps le culte voué aux grands hommes
s'est assez profondément altéré pour être devenu parfois
à peu près méconnaissable. La croyance populaire a eu
vite fait de doter ses célébrités d'une légende, faisant
ainsi de chacune d'elles, des sortes de héros, de demi-
dieux, doués de pouvoirs surnaturels. On peut facilement
constater cette évolution dans le culte rendu à Lao-tze,
philosophe chinois, contemporain de Confucius, dont la
doctrine, dite du *Tao*, a dégénéré en un système de
pratiques de sorcellerie et est devenue ce qu'on appelle
aujourd'hui le *Taoîsme*.

Lao-tseu, d'après le populaire annamite, naquit avec
des cheveux blancs, trois longues oreilles ayant chacune
trois conduits auditifs, les yeux et la bouche carrés le nez
formé de deux os, la barbe épaisse, le front large et les
dents très écartées. Sa mère le porta dans son sein pendant
81 ans et en accoucha par l'aisselle.

Il est aujourd'hui le génie tout puissant qu'invoquent
de préférence les *thây-phu-thuy* ou sorciers et les *thây-boi*
ou devins aveugles.

Nous pouvons citer encore comme un exemple remar-
quable de la transition du culte des mânes à celui des
génies, le culte rendu à Hung-dao et à Pham-nhan. Il
tire son origine de faits historiques se rapportant à la
guerre soutenue au XIIIe siècles par les Annamites contre
l'armée d'invasion chinoise commandée par O-ma-nhi

(Omar). Ce dernier fut vaincu par le Général Hung-dao fait prisonnier et décapité avec le traître qui lui avait servi de guide : Pham-nhan. La légende raconte que deux pêcheurs ayant trouvé les deux têtes qui avaient été jetées au fleuve, leur donnèrent une sépulture en leur demandant de leur faire avoir désormais beaucoup de poissons. Leurs vœux furent exaucés et le bruit de ce miracle s'étant répandu, on éleva un temple aux têtes des deux suppliciés.

Sur ces données s'est constituée une doctrine religieuse particulière dit *Dao-nôi*, ou Religion locale, qui a ses adeptes, ses rites, ses divinités. Hung-dao, le général vainqueur, a été mis au rang des génies mais ce qu'on honore en lui, c'est le thaumaturge plutôt que le patriote. A côté de lui ont été placés comme divinités secondaires, son fils, ses deux filles, son gendre et ses serviteurs. Pham-nhan, lui, est devenu avec les soldats d'O-ma-nhi, la troupe des esprits malfaisants, qui est constamment opposée à la bienfaisante influence de Hung-dao.

VII

Tels sont, dans leurs très grandes lignes, les divers systèmes religieux des Annamites. Nous n'en avons exposé surtout que les dogmes, laissant à peu près complètement de côté la description des pratiques cultuelles et la recherche de leurs origines, qui nous eussent entrainé au delà des limites imposées. Nous ne pouvons cependant pas terminer sans dire sur cette partie de notre sujet quelques mots rapides qui permettront à l'imagination des lecteurs d'animer les décors dont nous avons tenté la reconstitution.

Les cérémonies des différents cultes : des mânes, des héros, des génies, etc., à quelque occasion 'qu'elles soient célébrées, sont toutes à peu près identiques et ne diffèrent que par quelques détails secondaires du type général dont voici un exemple tiré du culte des ancêtres :

Lorsque les autels sont munis d'offrandes, le chef de famille, vêtu de ses plus beaux habits, devant les membres de la famille profondément recueillis, verse trois tasses de vin et dit à voix basse : '' Aujourd'hui, c'est... (par exemple l'anniversaire de mon aïeul, un tel) ; j'invite tous les aïeuls, aïeules, grands-pères, grand'mères, oncles, tantes, à venir jouir de la réception que leur offre respectueusement leur descendant ''. Cela dit, il se prosterne six fois, verse encore du vin dans les tasses, verse du thé et fait trois salutations.

Puis, celui qui offre le sacrifice accomplit le rite de l'offertoire des parfums en allumant les bâtons odoriférants de l'autel, et il dit : '' Je suis... (il récite ses noms et prénoms); aujourd'hui c'est l'anniversaire de mon aïeul; j'ai allumé les bâtons d'encens pour prier son âme retournée au principe mâle, d'en venir jouir et de protéger ses descendants. Il accomplit ensuite les libations rituelles en prenant une tasse de vin et la repandant à terre en répétant la même formule que précédemment : '' Je prie l'ombre de mon aïeul, etc. ''

Ensuite le sacrificateur doit se recueillir et s'efforcer de penser qu'il se trouve en présence de son ancêtre qui est venu s'asseoir et prendre son repas. Puis il doit faire quatre prosternations, se mettre à genoux, remplir ou faire remplir par l'assistant de droite, trois tasses de vin et se prosterner deux fois à chaque tasse versée. Les rites accomplis, l'officiant verse le thé ou le fait verser par l'acolyte de gauche et ajoute du vin dans les tasses. Ce nouveau rite qu'on appelle '' Invitation à boire '' se termine par quatre prosternations qui constituent le rite des adieux.

Voici enfin comme deuxième exemple de cérémonie type, celle célébrée tous les trois ans, dans la capitale du royaume, à Hué, en l'honneur du Ciel et de la Terre (*).

Quand le roi, après avoir consulté les astrologues a déterminé un jour propice il le notifie au Grand ordonnature des Rites dispose tout pour la solennité....

En avant de l'autel principal ou Temple du Ciel et de la Terre, on étend les corps des trois victimes propititiatoires : le bœuf, le bouc et le cochon ; on dispose

---

(*) D'après *Les Cultes Annamites* de M. G. Dumoutier. *Revue Indo-Chinoise.*

ensuite trois coupes, une fiole d'alcool de riz, des fleurs, des fruits, de riches objets d'or, d'argent, de jade, d'ivoire et des pièces de soie ; ce sont les produits de la terre et des êtres terrestres, ce qui constitue en un mot la richesse du royaume, dont l'Empereur fait hommage au Ciel et à la Terre.

Tout est mis en œuvre par la Cour de Huê, pour donner à la fête des sacrifices souverains la plus grande magnificence. L'Empereur, revêtu de son grand habit de Cour, porté par un richissime palanquin, se rend à l'autel au milieu d'un fastueux cortège de dignitaires ; il est précédé, accompagné et suivi de groupes allégoriques, de porteurs de parasols, d'emblêmes laqués d'or, d'étendards et d'armes de luxe, de gardes du palais, d'éléphants et de chevaux des écuries impériales. La foule qui, autrefois, pouvait seulement dans cette circonstance contempler les traits augustes du Souverain, se presse sur tout le parcours, agenouillée dans la poussière. L'Empereur descend de son palanquin et s'avance vers l'autel principal. Les hauts mandarins se groupent de chaque côté, les éléphants s'alignent, les musiciens du palais font entendre leurs airs étranges. Des ordonnateurs proclament les prescriptions du rituel. L'Empereur se prosterne deux fois, puis reste agenouillé ; à ce moment, deux haut thuriféraires versent le vin de riz dans les trois coupes à libations ; ils les présentent sur un plateau à l'Empereur qui les reçoit, les élève à la hauteur de son front, et les remet aux thuriféraires ; ceux-ci les placent sur l'autel.

Un autre officiant s'approche alors et s'agenouille à la droite de l'Empereur ; il tient à la main un papier jaune couvert de caractères, il le déroule et lit à haute voix la prière au Ciel et à la Terre. Quand cette lecture est terminée, les ordonnateurs proclament à nouveau les commandements rituels et l'Empereur se prosterne quatre fois. Quant tout est terminé, l'Empereur commande l'incinération des trois animaux immolés, et l'on reporte au Palais les vases d'or et d'argent, les ivoires et les soieries, qui sont conservés pour la cérémonie suivante, trois ans après.